Gestion De La Colère Chez Les Enfants

50 Activités Engageantes

Pour Aider Les Enfants A Rester Calmes, A Contrôler Leur Colère Et A Développer Des Réponses Emotionnelles Plus Saines

Emma Wilcher

Table Des Matières

Page de droits d'auteur

Aperçu Des Objectifs Du Livre

Ce que ce livre offre aux parents, aux éducateurs et aux soignants

Ce livre est une ressource riche en stratégies, en idées et en activités conçues pour aider les enfants à gérer leur colère. Il est basé sur la conviction que l'apprentissage et la croissance émotionnelle se font par la pratique et la patience. Avec ce guide, vous pourrez :

Développer une compréhension plus approfondie de la façon dont les enfants gèrent la colère.

L'apprentissage enseigne les compétences de gestion émotionnelle grâce au plaisir et à l'interaction.

Permettre aux enfants d'exprimer leurs sentiments de manière productive et efficace.

Structure Des Séances Et Avantages

Les activités de ce livre sont soigneusement conçues pour aborder les aspects de la gestion de la colère, notamment :

Conscience émotionnelle : Encouragez les enfants à reconnaître et à catégoriser leurs sentiments en leur enseignant la conscience émotionnelle.

Techniques d'autorégulation : Enseigner des stratégies de relaxation telles que des exercices de respiration et la pleine conscience.

Compétences pour résoudre des problèmes : Favorise une méthode originale de résolution de problèmes.

Créativité créative : laissez les enfants exprimer leurs sentiments à travers l'art, l'écriture et le mouvement.

Chaque activité est conçue pour être facile, engageante et adaptée à des âges variés. Que vous soyez un parent à la recherche de stratégies pour votre famille, un enseignant à la recherche d'outils en classe ou un aidant qui soutient le développement émotionnel, ce livre vous donnera des moyens pratiques pour apporter des changements significatifs pour votre enfant.

Grâce à ces activités, vous pouvez non seulement aider votre enfant à gérer sa colère, mais aussi à développer son intelligence émotionnelle, sa résilience et son bien-être général. Commençons ce voyage ensemble !

Introduction

La colère est une émotion courante, même chez les enfants. Elle représente la tristesse, les désirs inassouvis ou les émotions refoulées. Cependant, si elle n'est pas maîtrisée, la colère peut nuire au développement émotionnel, aux relations et au bien-être d'un enfant. En tant que parents, éducateurs et soignants, il est important de fournir à votre enfant les outils nécessaires pour identifier, gérer et exprimer sa colère. Ce livre électronique est conçu pour vous aider à développer des réponses émotionnelles plus saines chez vos enfants et à faire en sorte qu'ils grandissent pour devenir des adultes forts.

L'importance de la gestion de la colère chez les enfants

Pourquoi la gestion de la colère est importante pour les enfants

Les enfants manquent souvent de mots ou de force émotionnelle pour exprimer leurs sentiments. Par conséquent, la colère peut être exprimée en se mettant en colère, en s'en prenant violemment à quelqu'un ou en s'en prenant à quelqu'un d'autre. Apprendre aux enfants à gérer leur colère aide à :

Développer son intelligence émotionnelle : en identifiant et en gérant ses propres émotions.

Améliorez vos compétences en communication : apprenez à exprimer vos besoins calmement et clairement.

Construisez des relations saines : réduisez les conflits avec vos pairs, vos frères et sœurs et les adultes. Cependant, une colère non résolue peut :

Problèmes de comportement tels que la colère ou la violence.

Problèmes émotionnels, notamment anxiété et faible estime de soi.

Défis académiques, car les distractions peuvent nuire à la concentration et à la performance.

L'effet de la colère incontrôlée sur le développement émotionnel

Si la colère n'est pas gérée correctement, elle peut entraver le développement de sentiments profonds. La colère incontrôlable est :

Baisse de l'estime de soi : les enfants ont du mal à résoudre les problèmes du quotidien avec calme. Suppression de l'empathie : se concentrer sur sa propre tristesse peut réduire la capacité à prendre en compte les sentiments des autres.

Troubles de la résolution de problèmes : réagir de manière impulsive mais ne pas réfléchir aux solutions.

En développant des compétences de gestion de la colère, nous créons un environnement permettant aux enfants de construire une base de force mentale qui leur sera utile tout au long de leur vie.

Aperçu des objectifs du livre

Ce que ce livre offre aux parents, aux éducateurs et aux soignants

Ce livre est une ressource riche en stratégies, en idées et en activités conçues pour aider les enfants à gérer leur colère. Il est basé sur la conviction que l'apprentissage et la croissance émotionnelle se font par la pratique et la patience. Avec ce guide, vous pourrez :

Développer une compréhension plus approfondie de la façon dont les enfants gèrent la colère.

L'apprentissage enseigne les compétences de gestion émotionnelle grâce au plaisir et à l'interaction.

Permettre aux enfants d'exprimer leurs sentiments de manière productive et efficace.

Structure des séances et avantages

Les activités de ce livre sont soigneusement conçues pour aborder les aspects de la gestion de la colère, notamment :

Conscience émotionnelle : Encouragez les enfants à reconnaître et à catégoriser leurs sentiments en leur enseignant la conscience émotionnelle.

Techniques d'autorégulation : Enseigner des stratégies de relaxation telles que des exercices de respiration et la pleine conscience.

Compétences pour résoudre des problèmes : Favorise une méthode originale de résolution de problèmes.

Créativité créative : laissez les enfants exprimer leurs sentiments à travers l'art, l'écriture et le mouvement.

Chaque activité est conçue pour être facile, engageante et adaptée à des âges variés. Que vous soyez un parent à la recherche de stratégies pour votre famille, un enseignant à la recherche d'outils en classe ou un aidant qui soutient le développement émotionnel, ce livre vous donnera des moyens pratiques pour apporter des changements significatifs pour votre enfant.

Grâce à ces activités, vous pouvez non seulement aider votre enfant à gérer sa colère, mais aussi à développer son intelligence émotionnelle, sa résilience et son bien-être général. Commençons ce voyage ensemble !

Chapitre 1

Comprendre La Colère Chez Les Enfants

Qu'est-ce que la colère ?

La colère est une réaction émotionnelle naturelle à une situation qui semble dangereuse, angoissante ou menaçante. Chez les enfants, la colère survient souvent lorsqu'il est difficile d'exprimer leurs besoins ou de faire face à des défis qui les dépassent.

Pour expliquer la colère à votre enfant, vous pouvez dire :

« La colère est comme une tempête intérieure. Elle peut sembler grande et forte, mais comme une tempête, elle passera. Nous apprenons à affronter la tempête pour nous sentir mieux. »

La colère n'est pas une mauvaise chose : c'est le signe que quelque chose ne va pas ou qu'il faut y prêter attention. Le plus important est d'apprendre aux enfants à gérer les problèmes de manière saine et productive.

Déclencheurs courants de colère chez les enfants

Comprendre les causes de la colère chez les enfants peut aider les adultes à réagir avec amour et soutien. Voici quelques déclencheurs courants :

tristesse

- Avoir des difficultés à maîtriser de nouvelles compétences, comme nouer des chaussures ou résoudre des énigmes.
- Se sentir confus ou incompris.

Besoins non satisfaits

- Se sentir fatigué, affamé ou trop excité.
- Se sentir négligé ou exclu de leur travail.

Conflit

- Des disputes avec des amis ou des proches.
- Se sentir lésé ou blâmé pour quelque chose.

Stress ou changement

Des changements, comme un déménagement ou une inscription dans une nouvelle école. Un emploi du temps surchargé ou trop d'exigences.

En identifiant les causes de la colère des enfants, les adultes peuvent les aider à résoudre ces situations et à éviter des problèmes inutiles. Signes émotionnels et physiques de la colère

Les signes émotionnels et physiques de la colère

Il est important de reconnaître les signes de colère chez les enfants pour intervenir le plus tôt possible. Les enfants n'expriment pas toujours leurs sentiments verbalement, il est donc important de prêter attention aux signes émotionnels et physiques.

Signes émotionnels

- Irritabilité, sautes d'humeur.
- Se sentir triste ou désespéré.
- Exprimer sa douleur avec des déclarations telles que « Ce n'est pas juste ! » ou « Personne ne s'en soucie ! »

Signes physiques

- Langage corporel : poings serrés, bras croisés ou posture raide.
- Changements dans l'expression du visage : rougissement, froncement de sourcils ou froncement de sourcils.
- Réactions physiques : piétiner, lancer des objets ou frapper.

Signes comportementaux :

- Pleurer, se plaindre ou s'éloigner des autres.
- Refuser de se conformer aux instructions ou de participer aux activités.

En aidant votre enfant à reconnaître ces signes, vous pouvez l'aider à mieux comprendre ses sentiments. Vous pouvez lui poser des questions sur les points suivants :

- Comment la colère affecte-t-elle votre corps ?
- « Avez-vous remarqué que votre comportement change lorsque vous êtes contrarié ? »

Cette prise de conscience est une première étape importante pour gérer vos émotions de manière appropriée.

Comprendre la colère des enfants peut nous aider à créer un environnement favorable dans lequel ils peuvent explorer et exprimer leurs sentiments sans crainte d'être jugés. Avec de l'amour, de la patience et les bons outils, nous pouvons apprendre aux enfants qu'ils ne peuvent pas contrôler la colère et qu'ils peuvent affronter la tempête et faire des choix judicieux.

Chapitre 2

Les Fondements De La Régulation Émotionnelle

La régulation émotionnelle est la capacité à reconnaître, gérer et répondre aux émotions de manière saine et productive. Pour les enfants, le développement de ces compétences commence par la construction de bases solides pour identifier leurs propres émotions, reconnaître leurs déclencheurs et apprendre à revenir à un état de calme. En enseignant ces bases, les enfants acquièrent des outils qu'ils peuvent utiliser tout au long de leur vie.

Enseigner le vocabulaire émotionnel

La première étape de la régulation émotionnelle consiste à aider les enfants à verbaliser leurs sentiments. Lorsque les enfants sont capables de nommer leurs sentiments, ils sont plus à même de les comprendre et de les gérer.

- **Pourquoi le vocabulaire des émotions est important**

Les enfants ont souvent des comportements anormaux parce qu'ils n'ont pas les mots pour décrire leurs sentiments. Leur apprendre à reconnaître des émotions comme la tristesse, la colère ou la frustration peut les aider à réduire leur recours aux crises de colère ou aux réactions physiques.

- **Stratégies pour développer le vocabulaire des émotions**

1. **Utilisez un tableau des émotions :**un visuel qui montre différentes expressions faciales et les émotions qu'elles représentent (par exemple, heureux, en colère, confus).
2. **Étiquetez rapidement les émotions :**Si votre enfant semble triste, aidez-le à dire : « Tu es triste parce que tu ne vois pas le jouet. » Est-ce vrai ?
3. **Lisez des livres sur les émotions :**Les histoires mettent souvent en scène des personnages qui traversent des épreuves émotionnelles. Discutez de ce que ressentent les personnages et de la façon dont ils gèrent ces émotions.

En donnant à votre enfant la possibilité d'exprimer ses sentiments, vous pouvez lui permettre de demander de l'aide ou de mieux résoudre ses problèmes.

• Le Rôle De La Conscience De Soi Dans La Gestion De La Colère

La conscience de soi est la capacité à comprendre ses propres émotions et à comprendre ce qui les déclenche. C'est un élément important de la gestion de la colère, car cela aide les enfants à s'arrêter et à réfléchir avant d'agir de manière impulsive.

• Aidez les enfants à identifier leurs émotions

Encouragez les enfants à réfléchir aux situations qui les mettent en colère. Posez-leur des questions réfléchies telles que :

- Que se passe-t-il généralement avant que vous commenciez à vous sentir triste ?
- « Cela arrive-t-il souvent lorsque vous êtes fatigué ou que vous avez faim ? »

• Utilisez des aides visuelles pour suivre les déclencheurs.

Un petit journal ou un tableau de la colère peut aider les enfants à noter quand et pourquoi ils se mettent en colère. Par exemple, ils peuvent l'intituler « Je suis en colère parce que mon frère ne veut pas partager ».

- **Développez la conscience de soi grâce à la pleine conscience.**

Les activités de pleine conscience, comme se concentrer sur sa respiration ou remarquer les tensions de son corps, peuvent apprendre aux enfants à reconnaître les premiers signes de colère. Cette pratique développe la capacité à faire une pause et à choisir une réponse calme.

• **Présentation Du Concept De Calme**

Il est tout aussi important d'aider les enfants à comprendre ce que signifie rester calme que de leur apprendre à comprendre la colère. Être calme ne signifie pas ignorer ou réprimer les émotions, mais créer un espace pour penser clairement et réfléchir.

• **À quoi ressemble la paix ?**

Le calme pourrait ressembler à ceci :

- Détente de vos muscles.
- Respiration régulière.
- Un esprit calme.

Expliquez aux enfants que le calme est comme un « arrêt » émotionnel qui leur permet de se reposer, de rassembler leurs pensées et de décider de la meilleure marche à suivre.

• **L'importance du calme**

Le calme permet aux enfants de :

- Prenez de meilleures décisions.
- Exprimez vos sentiments de manière gentille.
- Résoudre les conflits de manière pacifique.

- **Développer des compétences de calme**

1. **Exercices de respiration :**Enseignez des techniques simples telles que prendre de profondes inspirations par le nez, les retenir pendant quelques secondes, puis expirer lentement par la bouche.
2. **Bol frais :**Préparez un bol rempli de paillettes et d'eau. Secouez le bol pour représenter le chaos, tandis que regardez les paillettes se déposer pour représenter le calme.
3. **Imagerie guidée :**Encouragez votre enfant à fermer les yeux et à imaginer un endroit calme, comme une plage ou un parc tranquille.

En enseignant le calme comme compétence, les enfants apprennent à ne pas éviter les émotions, mais à créer un espace sûr et calme dans lequel les traiter.

Aider les enfants à gérer leurs émotions demande du temps et de la patience, mais c'est l'une des compétences les plus efficaces qu'ils puissent développer. En mettant l'accent sur les mots émotionnels, la conscience de soi et le calme, vous pouvez leur donner les outils pour affronter les défis de la vie avec force et confiance.

Chapitre 3

Développer des compétences de communication saines

Une bonne communication est la base du bien-être émotionnel et d'une gestion efficace de la colère. En apprenant aux enfants à communiquer leurs sentiments et leurs besoins de manière claire et respectueuse, ils acquièrent les outils nécessaires pour gérer les conflits et établir des relations positives. Examinons quelques moyens pratiques de promouvoir des compétences de communication saines chez les enfants.

Compétences d'écoute pour une meilleure compréhension

L'écoute est un élément important de la communication, et apprendre aux enfants à écouter activement les aide à comprendre les points de vue des autres et à réagir de manière réfléchie.

- **Qu'est-ce que l'écoute active ?**

L'écoute active consiste à se concentrer pleinement sur l'interlocuteur, à comprendre son message et à répondre de manière appropriée. Pour les enfants, cette compétence comprend :

- Établissez un contact visuel avec la personne qui parle.
- Évitez d'interrompre.
- Posez des questions de clarification si vous n'êtes pas sûr.

- **Activités pour apprendre l'écoute active**

1. **Simon dit :**C'est une façon amusante d'améliorer la concentration et les capacités d'écoute.
2. **Raconter une histoire :**Lisez une courte histoire à votre enfant et demandez-lui d'en répéter les points principaux.

3. **Écouter le jeu** :Encouragez une écoute attentive en utilisant des invites telles que « Dites-moi trois choses qui vous ont impressionné aujourd'hui ».

Apprendre aux enfants à écouter améliore non seulement la communication, mais favorise également l'empathie et la connexion.

• Scénarios De Jeu De Rôle

Le jeu de rôle est un moyen efficace de pratiquer la communication et la résolution de conflits dans un environnement sûr et favorable.

• Pourquoi les jeux de rôle fonctionnent

Jouer des scénarios de la vie réelle permet aux enfants de s'entraîner à avoir des conversations difficiles et à résoudre des désaccords. C'est une façon d'apprendre par l'expérience sans craindre les conséquences dans le monde réel.

• Comment jouer à des jeux de rôle avec votre enfant

1. **Choisissez une situation courante :**

Il peut s'agir par exemple d'un désaccord au sujet d'un jouet, d'une remarque blessante de la part d'un frère ou d'une sœur, ou d'un malentendu avec un ami.

2. **Attribuer des rôles :**Une personne peut jouer le rôle de l'enfant et l'autre celui de l'ami ou du frère ou de la sœur. Inversez les rôles pour donner aux enfants l'occasion d'apprendre des points de vue différents.

3. **Modèle de communication efficace :**
Utilisez des phrases telles que « Ça me met en colère quand on me prend mon jouet sans me demander mon avis. » Puis-je plutôt partager ? Le jeu de rôle améliore non seulement la communication, mais il renforce également votre confiance dans la gestion des conflits dans la vie réelle.

● Comment Exprimer Ses Sentiments Sans Blâmer Les Autres

Il est important d'exprimer ses émotions, mais le faire de manière à éviter de blâmer les autres demande de la pratique. Les reproches intensifient souvent les conflits, alors qu'une expression constructive favorise la compréhension et la résolution.

● Enseigner les déclarations « je » :

Encouragez les enfants à exprimer leurs sentiments et leurs besoins en utilisant des phrases à la première personne sans les blâmer. Par exemple :

- Plutôt que d'essayer de dire : « Tu ne me laisses jamais jouer ! »
- Dis : « Je me sens triste quand ce n'est pas mon tour. » Pouvons-nous jouer la prochaine fois ?

Cela déplace l'accent de la culpabilité de l'autre personne vers le partage de ses propres sentiments et besoins.

● Pratiquez l'empathie dans les conversations.

Aidez les enfants à comprendre l'impact de leurs paroles. Posez-leur des questions telles que :

- « Quelle a été la réaction de votre ami à votre déclaration ? »
- Quels autres mots pourrais-je utiliser pour lui remonter le moral ?

Utilisez un langage positif

Encouragez les enfants à remplacer les phrases accusatrices par des phrases constructives. Par exemple :

- Essayez plutôt de dire : « Tu es tellement méchant ! »
- « Je n'ai pas aimé que tu dises ça. Ça m'a blessé. »

Apprendre à exprimer ses sentiments de manière constructive aide les enfants à résoudre les conflits et à construire des relations plus solides.

Le développement de compétences de communication saines chez les enfants est un processus continu, mais les petits pas s'additionnent pour donner de grands progrès. En mettant l'accent sur l'écoute, en pratiquant par le jeu de rôle et en enseignant des manières constructives d'exprimer ses sentiments, les enfants peuvent acquérir les outils dont ils ont besoin pour gérer leurs propres émotions et établir des relations positives avec les autres.

Chapitre 4

Renforcement positif et modélisation du comportement

Le renforcement positif et la modélisation comportementale sont des outils puissants pour apprendre aux enfants à gérer efficacement la colère. En célébrant les progrès et en montrant l'exemple, les adultes peuvent guider les enfants vers des réponses émotionnelles plus saines.

- **Célébrez les petits succès**

Reconnaître et féliciter les progrès encourage les enfants à continuer à bien se comporter. Même les petits succès dans la gestion de la colère méritent d'être reconnus positivement.

Pourquoi ça marche

Le renforcement positif renforce la confiance en soi et renforce le comportement souhaité. Les enfants se sentent motivés à répéter les comportements qui leur valent des éloges ou des récompenses.

Célébrez les petits succès de cette façon

1. **Éloges verbaux**

Félicitez leurs efforts avec des mots encourageants tels que : « Je suis fier que tu restes calme. »

2. **Autocollants ou jetons**

Créez un tableau de récompenses où les enfants reçoivent des autocollants ou des jetons pour reconnaître leurs bonnes compétences en matière de gestion de la colère.

3. **Récompenses spéciales**

Offrez des incitations modestes, comme plus de temps de jeu ou une sélection d'activités familiales.

En célébrant même les petits progrès, les enfants associent des sentiments positifs à une gestion constructive de leurs émotions.

• Donnez le bon exemple

Les enfants imitent souvent les actions des adultes qui les entourent. En adoptant une attitude calme et contrôlée face au stress ou à la colère, les enfants apprennent à réagir à leurs propres émotions.

Pourquoi ça marche

Les enfants sont attentifs à ce qu'ils voient et en tirent des leçons. En gérant efficacement leurs émotions, vous leur montrez l'importance de rester calme.

Voici comment vous montrez un comportement calme

- **Rester calme face aux difficultés**

Apprenez à vos enfants à gérer les situations frustrantes en utilisant des techniques apaisantes telles que : Refroidissez-vous en respirant profondément ou en prenant du recul.

- **Utilisez un langage positif**

Remplacez les mots négatifs ou durs par des phrases constructives.

« Trouvons une solution » est bénéfique à « Arrêtons de nous disputer ».

- **Reconnaissez vos sentiments**

Partagez vos sentiments de manière saine. Par exemple, dites-vous : « J'ai besoin de prendre une seconde pour respirer parce que je me sens bouleversé. »

Lorsque les adultes font constamment preuve d'un comportement calme, les enfants apprennent à imiter ces stratégies, ce qui conduit à une meilleure régulation des émotions.

Avantages à long terme

Célébrer les petites réussites et donner l'exemple d'un comportement positif contribue à créer un environnement favorable qui encourage les enfants à s'épanouir. Ces stratégies améliorent non seulement la gestion de la colère, mais renforcent également les relations parents-enfants, favorisant la confiance et la compréhension mutuelle.

Chapitre 5

Habitudes À Long Terme Pour La Croissance Émotionnelle

Aider les enfants à développer des habitudes à long terme favorisant leur croissance émotionnelle leur permettra de conserver leurs compétences en matière de gestion de la colère à l'âge adulte. Ce chapitre traite de l'élaboration d'une routine quotidienne, de l'intégration de la pratique de la pleine conscience et de l'évaluation régulière des progrès.

- **Développer des routines quotidiennes pour la régulation émotionnelle**

La cohérence est la base de la croissance émotionnelle. Encourager les enfants à faire régulièrement de l'exercice aide ces derniers à intégrer naturellement des techniques de gestion de la colère dans leur vie quotidienne.

Les avantages d'une routine

- Cela crée de la stabilité et de la prévisibilité, réduisant ainsi le stress et la frustration.
- Il renforce les techniques apprises et aide les enfants à pratiquer la régulation des émotions de manière cohérente.
- À mesure que les enfants apprennent à mieux gérer leurs émotions, leur confiance en eux se renforce.

Conseils pour créer une routine efficace

- **Commencez par de petites étapes réalisables**

Introduisez des activités simples comme des enfants partageant leurs sentiments lors de « contrôles émotionnels » quotidiens.

- **Intégrez du plaisir et des jeux.**

Rendez la routine amusante en utilisant des activités engageantes comme la respiration profonde avec des bulles ou le dessin de mandalas d'humeur.

- **Utilisez des rappels visuels**

Créez des tableaux ou des calendriers sur lesquels les enfants peuvent suivre leurs progrès et leurs routines. Leur donner des autocollants ou de petites récompenses pour leur régularité peut être une motivation supplémentaire.

• Activités de pleine conscience pour les enfants

La pleine conscience aide les enfants à rester dans le présent et à gérer efficacement leurs émotions. Des exercices simples et adaptés aux enfants peuvent rendre la pleine conscience attrayante et accessible.

Enseigner la pleine conscience aux enfants

- **Restez simple.** Parlez en termes adaptés à votre âge, par exemple « faites attention au présent ».
- **Rendez-le interactif :** Intégrez des activités sensorielles, telles que l'alimentation consciente ou l'imagerie guidée.
- **Pratiquer ensemble :** Soyez un modèle de pleine conscience en participant à des activités avec votre enfant.

Exercices simples de pleine conscience

Respiration consciente

Apprenez aux enfants à se concentrer sur leur respiration en leur donnant un petit objet, comme une balle. Placez un animal en peluche ou un jouet en peluche sur leur ventre et regardez-le monter et descendre.

Écoute attentive

Asseyez-vous tranquillement et identifiez cinq sons différents que vous entendez : par exemple, le chant des oiseaux ou le tic-tac d'une horloge.

Exercice de gratitude

Encouragez les enfants à énumérer trois choses pour lesquelles ils sont reconnaissants avant d'aller se coucher chaque soir.

Promenade arc-en-ciel

Lors d'une promenade en plein air, demandez-leur de trouver un objet de chaque couleur de l'arc-en-ciel pour les garder engagés et attentifs.

• Réfléchissons Ensemble Aux Progrès

Grâce à l'introspection, les enfants peuvent reconnaître leur développement, comprendre les schémas émotionnels et se sentir couronnés de succès dans leurs efforts.

L'importance de la réflexion

- Aidez votre enfant à comprendre dans quelle mesure il a réussi à contrôler sa colère.
- Développez votre confiance en vous en identifiant les techniques qui fonctionnent le mieux pour vous.
- Approfondir le lien parent-enfant par une discussion ouverte.

Comment réfléchir avec votre enfant

- **Créer un check-in hebdomadaire**

Prenez le temps de discuter des meilleures et des pires choses qui se sont produites cette semaine, en vous concentrant sur la façon dont vous avez géré vos émotions.

- **Utiliser un journal de progrès**

Encouragez votre enfant à écrire ou à dessiner sur son cheminement intérieur. Célébrez les étapes importantes, comme la diminution des crises de colère ou l'utilisation de stratégies apaisantes.

- **Concentrez-vous sur le positif.**

Mettez l'accent sur l'amélioration et la croissance plutôt que de vous attarder sur les échecs. Utilisez des expressions telles que « J'ai remarqué que lorsque vous êtes contrarié, vous respirez profondément. » Excellent travail !

Fixez-vous de nouveaux objectifs

Fixez-vous des objectifs atteignables pour la semaine prochaine en fonction de vos progrès, par exemple en pratiquant la gratitude tous les jours ou en utilisant des techniques d'apaisement dans les moments difficiles.

Encourager les routines, pratiquer la pleine conscience et réfléchir aux progrès peuvent aider les enfants à développer des habitudes durables de régulation des émotions. Ces habitudes vous aident non seulement à gérer votre colère, mais favorisent également la résilience émotionnelle, la confiance en soi et une approche plus saine des défis de la vie.

50 activités engageantes

Aidez les enfants à rester calmes, à contrôler leur colère et à développer des réponses émotionnelles plus saines

Activités**1**: Respiration et relaxation

6. La respiration par bulles
7. Respiration à cinq doigts
8. Respiration abdominale
9. Détente arc-en-ciel
10. Technique de respiration 4-7-8

Activités**2**:Expression créative

21. Collage d'émotions
22. Dessin du volcan de la colère
23. Colorez votre humeur
24. Sculpture en argile
25. Journal des sentiments

Activités**3**:Mouvement physique

26. Dansez-le
27. Yoga avec les animaux
28. Coup de pied de colère
29. Compte à rebours des sauts avec écart
30. Parcours du combattant

Activités **4:Pleine conscience**

31. Écoute attentive
32. Rochers de gratitude
33. Se concentrer sur le présent
34. Imagerie guidée
35. Manger en pleine conscience

Activités**5:Résolution de problèmes et communication**

36. Scénarios difficiles de jeu de rôle
37. Cartes « Je ressens »
38. Jeu de correspondance des émotions
39. Jeu de dés Sentiments
40. Tableau de résolution des conflits

Activités**6:Sensoriel**

41. Balle anti-stress à presser
42. Bacs sensoriels
43. Glaçons fondants
44. Pot de paillettes apaisantes
45. Libération de la colère avec de la pâte à modeler

Activités**7:De plein air**

46. Promenade dans la nature
47. Art du frottement des feuilles
48. Mandalas à la craie
49. Observation des nuages
50. Chasse au trésor

Activités **8**: Groupe interactif

41. Jeux coopératifs
42. Charades d'émotions
43. Bingo des sentiments
44. Raconter une histoire en équipe
45. Conversations autour du lancer de balle

Activités **9**: Habitudes quotidiennes pour la croissance émotionnelle

51. Enregistrement du matin
52. Journal de gratitude
53. Pratique du miroir d'affirmation
54. Aménagement d'un coin calme
55. Réflexion avant de dormir

Activités **10**: Outils et jeux spéciaux

56. Cartes de tri des émotions
57. Jeux de société pour les compétences émotionnelles
58. Puzzles d'émotions
59. Boîtes à outils DIY
60. Défis de minuterie

50 activités engageantes

Aidez les enfants à rester calmes, à contrôler leur colère et à développer des réponses émotionnelles plus saines

Apprendre aux enfants à contrôler leur colère et à développer des réactions émotionnelles plus saines demande un effort constant. Ces 50 activités proposent une variété de ressources et de méthodes pour aider les enfants à développer leur intelligence émotionnelle tout en rendant l'apprentissage agréable et intéressant. Ces méthodes, qu'elles soient basées sur l'expression créative, l'exercice ou la pleine conscience, ouvriront la porte à une santé émotionnelle à long terme.

1. Activités De Respiration Et De Relaxation

Enseigner aux enfants des techniques de respiration et de relaxation leur donne des outils simples et efficaces pour calmer leur esprit et leur corps lorsqu'ils sont confrontés à des émotions comme la colère. Ces activités sont faciles à pratiquer et peuvent aider les enfants à mieux gérer leurs émotions, même dans des situations difficiles.

1. La respiration par bulles

La respiration par bulles est une façon amusante d'enseigner aux enfants l'art de la respiration profonde et lente.

Comment ça marche

Imaginez que vous soufflez dans une bulle de savon. Pour obtenir la bulle parfaite, soufflez lentement et régulièrement : une respiration brusque peut faire éclater la bulle.

ÉTAPE

- Respirez profondément par le nez.
- Soufflez avec des buses, comme pour souffler des bulles.

- Répétez ce processus en imaginant des bulles colorées flottant autour de vous à chaque fois que vous soufflez, libérant ainsi le stress ou la colère.

Cette pratique encourage la respiration profonde et augmente le calme et la concentration.

2. Technique de respiration à cinq doigts

Cette activité tactile combine une respiration consciente avec des mouvements doux des mains pour aider les enfants à se concentrer sur l'instant présent.

Comment ça marche

En utilisant la main comme guide, l'enfant trace les lignes de ses doigts tout en coordonnant sa respiration.

ÉTAPE

- Tendez votre main et écartez vos doigts.
- Utilisez l'index de l'autre main pour étendre votre pouce vers le haut tout en inspirant lentement.
- Appuyez avec votre pouce pendant que vous expirez.
- Répétez cette opération pour chaque doigt jusqu'à ce que la main entière soit complète. Cette technique se concentre sur la pleine

conscience et offre un rythme apaisant, parfait en période de stress.

3. Respiration abdominale

La respiration abdominale, également connue sous le nom de respiration diaphragmatique, aide les enfants à respirer profondément, à utiliser tous leurs poumons et à favoriser la relaxation.

Comment ça marche

À l'aide de petits objets comme des jouets ou des peluches, les enfants peuvent suivre leur respiration.

MESURES

- Allongez-vous sur le dos avec un petit jouet sur le ventre.
- Inspirez profondément par le nez pour donner vie au jouet.
- Retirez-le doucement de la bouche, puis observez le jouet tomber.
- Répétez plusieurs fois en vous concentrant sur le mouvement du jouet.

Cet élément visuel rend cette activité amusante et aide les enfants à apprendre à retenir leur souffle.

4. Relaxation arc-en-ciel

Cette pratique de méditation utilise les couleurs vives de l'arc-en-ciel pour améliorer le calme et les émotions.

Comment ça marche

Imaginez respirer un arc-en-ciel de couleurs apaisantes, chaque couleur représentant une émotion.

MESURES

- Respirez profondément et fermez les yeux.
- Imaginez la couleur rouge et ressentez une sensation de chaleur et d'énergie.
- Libérez le stress ou la colère.
- Répétez avec d'autres couleurs telles que l'orange pour le bonheur, le bleu pour le calme et le vert pour la paix.

Cette activité stimulera l'imagination de votre enfant, l'inspirera et encouragera la créativité.

5. 4-7-8 Techniques de respiration

La technique 4-7-8 est un exercice de respiration structuré qui aide les enfants à gérer leurs émotions en ralentissant leur rythme cardiaque et en réduisant le stress.

Comment ça marche

L'utilisation de cette technique favorise la respiration dans un environnement calme.

MESURES

- Respirez profondément par le nez pendant quatre secondes.

- Retenez votre souffle pendant 7 secondes.
- Pendant huit secondes, expirez lentement par la bouche.
- Répétez ce cycle 4 à 5 fois.

Ralentir la respiration active la réponse de relaxation du corps, ce qui en fait un outil puissant pour rajeunir votre humeur.

Les exercices de respiration et de relaxation peuvent aider les enfants à se calmer lorsqu'ils sont en colère ou contrariés. Qu'il s'agisse de souffler des bulles imaginaires ou de claquer des doigts, ces activités sont pratiques et adaptables, aidant les enfants à revivre leurs émotions à tout moment et en tout lieu.

2. Activités D'expression Créative

L'expression créative offre aux enfants un moyen sûr et imaginatif de gérer et d'exprimer leurs émotions. Cette activité encourage l'introspection et l'intelligence émotionnelle tout en favorisant la créativité. Découvrons quelques façons amusantes et engageantes pour les enfants d'explorer et d'exprimer leurs émotions.

1. Mosaïque émotionnelle

Un exercice pratique qui aide les enfants à reconnaître et à exprimer leurs sentiments consiste à créer une collection d'émotions.

Comment ça marche

Les enfants découpent des images, des mots ou des couleurs dans des magazines et les organisent en collages qui reflètent leurs sentiments actuels.

ÉTAPE

- Rassemblez des magazines, des ciseaux, de la colle et du grand papier.
- Demandez à votre enfant de réfléchir à ce qu'il ressent aujourd'hui.
- Découpez des images, des mots ou des symboles qui correspondent à ces sentiments.

- Après les avoir disposés, collez-les sur le papier pour former un « tableau cœur ».
- Discutez de la collection en demandant ce que chaque élément signifie pour eux.

Cette activité est une façon visuelle et interactive pour les enfants de traiter des sentiments difficiles à exprimer avec des mots. Photo d'un volcan en colère

2. Dessin du volcan de la colère

La scène du volcan de colère peut aider les enfants à visualiser leur colère et à comprendre ce qui se passe.

Comment ça marche

L'enfant dessine l'image d'un volcan et étiquette ses parties avec de la colère, des émotions et des stratégies d'adaptation.

ÉTAPE

- Dessinez ou imprimez un contour simple de volcan.
- Identifiez la cause de l'incendie avec des déclencheurs courants (par exemple, « Quelqu'un a pris mon jouet »).
- Utilisez la partie centrale pour écrire les émotions qui surviennent (comme « triste » et « mettez vos mains ensemble »).
- La partie « explosive » de l'attaque est représentée dans la partie supérieure.
- Discutez de stratégies de relaxation, telles que la « respiration profonde », pour refroidir le volcan.

Cette activité rend le concept abstrait de la colère plus clair et aide les enfants à comprendre ses composantes et à mieux la gérer.

3. Colorez votre humeur

Cette activité utilise la couleur comme moyen pour les enfants de comprendre et d'exprimer leurs sentiments du moment.

Comment ça marche

Les enfants choisissent des couleurs qui représentent leurs sentiments et expliquent leurs choix.

ÉTAPE

- Du papier et du matériel de coloriage sont fournis.
- Découvrez quelle couleur votre enfant ressent aujourd'hui.
- Laissez-les écrire ou dessiner en utilisant les couleurs qu'ils aiment.
- Encouragez-les à expliquer pourquoi ils ont choisi ces couleurs.

Par exemple, ils pourraient dire : « J'ai porté du rouge parce que j'étais en colère de ne pas pouvoir jouer. » Cette activité augmente l'intelligence émotionnelle grâce à l'expression artistique.

4. Sculpture en argile

Sculpter de l'argile permet aux enfants de transformer leurs sentiments en formes, objets ou dessins abstraits, les aidant ainsi à traiter leurs émotions.

Comment ça marche

Les enfants utilisent la terre pour exprimer leurs sentiments, qu'ils soient abstraits ou spécifiques.

ÉTAPE

- L'argile molle est disponible dans une variété de couleurs.
- Demandez à votre enfant de réfléchir à ses sentiments.
- Encouragez-les à sculpter quelque chose qui représente leurs sentiments (par exemple, un nuage en colère ou un soleil joyeux).
- Discutez de l'image et des émotions qu'elle représente.

Les effets apaisants et calmants de la saleté sur les enfants.

5. Journal des sentiments

Les journaux émotionnels donnent aux enfants la possibilité d'écrire ou de dessiner leurs sentiments, encourageant ainsi la réflexion et la croissance intellectuelle.

Comment ça marche

Les enfants peuvent créer et personnaliser un journal pour enregistrer leurs sentiments chaque jour.

MESURES

- Commencez avec un cahier ou un journal ouvert.
- Aidez votre enfant à décorer la couverture avec des autocollants, des images ou son nom.
- Encouragez-les à écrire ou à raconter leur journée en se concentrant sur ce qui les a rendus heureux, tristes ou en colère.
- Utilisez des questions telles que « Pourquoi souris-tu aujourd'hui ? » ou « Pourquoi es-tu contrarié aujourd'hui et comment y as-tu fait ? »

Cette activité encourage l'alphabétisation émotionnelle et encourage la pratique de l'autoréflexion.

Les activités d'expression créative sont des outils puissants pour aider les enfants à gérer leurs émotions de manière sûre et efficace. En stimulant leur imagination et leur créativité, ces activités transforment les émotions en expériences gérables et significatives.

3.Activités De Mouvement Physique

L'exercice physique est un excellent moyen pour les enfants d'évacuer la colère accumulée et de rediriger leur énergie vers des activités productives. Ces activités sont amusantes, engageantes et conçues pour aider les enfants à gérer leurs émotions tout en restant actifs et en bonne santé.

1. Dansez-le

La danse est une façon amusante de libérer le stress et de changer votre humeur de la colère à la joie.

Comment ça marche

Jouez de la musique entraînante et encouragez les enfants à danser à leur guise pour exprimer leur tristesse ou leur énergie négative.

MESURES

- Choisissez votre chanson ou playlist préférée.
- Dégagez un espace sûr pour les activités.
- Encouragez votre enfant à bouger à son propre rythme, en sautant, en roulant et en tapant du pied.

Ces activités sont non seulement bonnes pour la santé physique, mais aussi pour le bien-être mental et émotionnel.

2. Yoga avec les animaux

Le yoga animalier allie plaisir et détente en encourageant les enfants à imiter les animaux par des mouvements simples.

Comment ça marche

Incorporez des postures de yoga inspirées des animaux, comme le rugissement d'un lion ou le battement d'ailes d'un papillon, pour aider les enfants à s'étirer, à respirer et à se détendre.

MESURES

- **Posture du lion :**Agenouillez-vous, écartez vos orteils comme des griffes et laissez échapper un grand rugissement !
- **Posture du papillon :**Asseyez-vous, les pieds joints et battez vos genoux comme des ailes de papillon tout en respirant profondément.
- Guidez votre enfant à travers 3 à 5 poses, en terminant par la pose du tout-petit.

C'est une activité amusante qui aide les enfants à libérer leur énergie grâce à des mouvements apaisants.

3. Coup de pied de colère

Taper du pied est un moyen sûr et efficace de libérer la colère.

Comment ça marche

Un enfant tape du pied pour se concentrer sur ses émotions.

ÉTAPE

- Tenez-vous dans un endroit sûr avec de la place pour bouger.
- Demandez à votre enfant de taper du pied comme s'il « marchait sur » sa colère.
- Augmentez la vitesse en disant quelque chose comme : « Je vais libérer ma colère. »

Cette activité permet aux enfants de ressentir physiquement leur colère sans se blesser ni blesser les autres.

4. Compte à rebours des sauts avec écart

Des mouvements rapides comme sauter à la corde peuvent aider les enfants à brûler de l'énergie et à se ressourcer.

Comment ça marche

Les enfants font 10 sauts à la corde et comptent à rebours, en se concentrant sur le silence à mesure que le nombre diminue.

ÉTAPE

- Tenez-vous dans un espace ouvert.
- Commencez avec 10 sauts et comptez grand.
- À chaque saut, encouragez l'enfant à imaginer la colère « jaillir » de son corps.

Ces activités programmées sont idéales pour évacuer le stress et ramener l'attention au présent.

5. Parcours du combattant

Construire et surmonter des obstacles permet aux enfants de rester physiquement actifs et mentalement concentrés.

Comment ça marche

Créez une leçon en utilisant des objets ménagers tels que des chaises, des oreillers ou des cônes et mettez les enfants au défi de les compléter.

MESURES

- Construisez des chemins et des obstacles qui peuvent être escaladés, rampés ou sautés.
- Encouragez votre enfant à terminer ses études tout en prenant du temps pour s'amuser.
- Ajoutez quelques défis comme garder l'équilibre sur un oreiller ou lancer une balle dans un seau.

Ces activités renforcent les capacités de résolution de problèmes et l'exercice, ce qui est bénéfique pour le corps et l'esprit. L'activité physique est un excellent moyen d'aider les enfants à gérer la colère de manière positive et sûre. Ces activités permettent non seulement de libérer la frustration, mais aussi de développer les capacités de régulation émotionnelle en augmentant la concentration et le plaisir.

4. Activités De Pleine Conscience

Les activités de pleine conscience apprennent aux enfants à se concentrer sur l'instant présent et à développer leur calme et leurs capacités mentales. Cette activité simple peut aider les enfants à se connecter à leurs sens, à réduire leur stress et à accroître leur conscience de leurs émotions. Explorons des activités époustouflantes conçues pour les enfants.

1. Écoute attentive

L'écoute active encourage les enfants à participer à leur environnement et à prêter attention aux sons qui les entourent.

Comment ça marche

Les enfants s'assoient tranquillement et reconnaissent autant de sons qu'ils peuvent, du chant des oiseaux aux horloges.

MESURES

- Trouvez un endroit calme et soyez à l'aise.
- Respirez profondément tout en étant assis confortablement.
- Écoutez attentivement les sons proches et lointains, en prononçant le nom de chaque son en silence ou à voix haute.

- Après cela, parlez de leurs pensées et de ce qu'ils ont entendu.

Cette pratique améliore la concentration tout en créant des moments de calme et d'intérêt.

2. Rochers de gratitude

Gratitude Rocks combine l'art et la créativité pour apprendre aux enfants à réfléchir à leur gratitude.

Comment ça marche

Les enfants peignent ou décorent les rochers avec des mots ou des images qui représentent la gratitude.

MESURES

- Ramassez des pierres lisses, de la peinture et des pinceaux.
- Demandez aux enfants de penser à des choses pour lesquelles ils sont reconnaissants, comme la famille, les amis ou la nature.
- Peignez les rochers avec des mots, des symboles ou des couleurs pour exprimer leur gratitude.
- Gardez ce bijou comme souvenir ou comme cadeau pour quelqu'un de spécial.

Cette créativité favorise la pensée positive et l'appréciation.

3. Concentrez-vous sur le présent (technique 5-4-3-2-1)

Cette activité de base aide les enfants à se concentrer en focalisant leur esprit.

Comment ça marche

La méthode 5-4-3-2-1 peut vous aider à identifier ce que vous voyez, entendez, touchez, sentez et goûtez.

MESURES

1. Respirez profondément tout en étant assis confortablement.

2. **Identifier**:
- 5 choses que vous verrez
- 4 choses que vous pouvez toucher
- 3 choses que vous entendrez
- 2 choses que vous pouvez sentir
- 1 chose que vous pouvez goûter

3. Discutez de la manière dont ce processus peut être calme et paisible.

Cette technique simple est idéale pour gérer le stress et les émotions.

4. Imagerie guidée

Le dessin encourage et guide les enfants à utiliser leur imagination et à imaginer des situations calmes et paisibles.

Comment ça marche

La personne qui s'occupe de l'enfant décrit une scène paisible, comme une promenade sur la plage ou une séance dans les bois, pour aider l'enfant à se détendre et à se relaxer.

Mesures

- Trouvez un endroit confortable où votre enfant peut s'allonger ou s'asseoir confortablement.
- Lorsque vous décrivez un état de calme, utilisez un langage calme comme :
- Imaginez que vous marchez sur du sable doux. Laissez la chaleur du soleil caresser votre peau pendant que vous écoutez le doux bruit des vagues.
- Encouragez les enfants à ajouter des détails, comme une forme, un son ou une image.

Les enfants peuvent trouver le calme et soulager le stress mental à l'aide de l'imagerie guidée.

5. Manger en pleine conscience

Manger en pleine conscience peut aider les enfants à ralentir et à savourer la nourriture, en augmentant leur conscience du goût et de la texture.

Comment ça marche

L'enfant mange la collation lentement, en prêtant attention au goût, à la texture et à l'odeur.

Mesures

- Option pour des collations comme des raisins secs, du chocolat ou des tranchesfruit.
- Examinez la texture, la couleur et l'odeur de la friandise tout en la tenant.
- Prenez de petites bouchées, mâchez lentement et faites attention à chaque aspect.
- Discutez du goût de la collation et de leurs sentiments lorsqu'ils ne la mangent pas en pleine conscience.

Cette pratique combine l'autorégulation et l'appréciation des expériences alimentaires et sensorielles.

Les exercices de pleine conscience comme ceux-ci enseignent aux enfants des outils utiles pour rester dans l'instant présent, détendre leur esprit et gérer leurs émotions. En pratiquant la pleine conscience, les enfants peuvent développer leur résilience et leur

intelligence émotionnelle pour vivre une vie plus saine
et plus heureuse.

5. Activités De Résolution De Problèmes Et De Communication

Apprendre aux enfants à gérer leurs émotions et leurs problèmes est important pour leur développement émotionnel. Ces activités de résolution de problèmes et de communication sont conçues pour améliorer leur capacité à exprimer leurs émotions, à résoudre les conflits et à développer l'empathie tout en leur proposant des activités ludiques et pédagogiques.

1. Scénarios difficiles de jeu de rôle

Dans un environnement sûr et supervisé, le jeu peut aider les enfants à s'entraîner à des situations difficiles.

Comment ça marche

Résolvez les conflits courants, tels que les disputes concernant le partage de jouets, et travaillez ensemble pour trouver des solutions.

MESURES

- Sélectionnez une situation, par exemple « Deux amis veulent jouer au même jeu ».

- Attribuez des activités aux participants, tels que les enfants et leurs frères et sœurs ou amis.
- Présentez la situation et attendez de discuter des sentiments et des solutions possibles.
- Pour déterminer quelle solution fonctionne le mieux, encouragez l'expérimentation.

Cela développe non seulement les compétences en communication, mais aide également les enfants à voir les situations sous différents angles, développant ainsi l'empathie.

2. Cartes « Je ressens »

Les cartes « Je ressens » permettent aux enfants d'exprimer leurs sentiments de manière créative et confiante.

Comment ça marche

Pour aider les enfants à exprimer leurs émotions, créez une carte sur laquelle est écrit: « Je suis heureux parce que… » ou « Je suis en colère parce que… »

MESURES

- Créez ou imprimez des cartes avec une variété de phrases « comment je me sens ».
- Asseyez-vous avec votre enfant et choisissez une carte qui décrit le mieux son humeur.
- Encouragez-les à compléter les phrases (par exemple, « Je me sens triste quand mon jouet se casse »).

- Discutez des façons de gérer ou de contrôler les émotions.

Cette activité aide les enfants à développer leur vocabulaire émotionnel et leur confiance pour s'exprimer.

3. Jeu de correspondance des émotions

Reconnaître et comprendre les émotions est essentiel à une bonne communication. Des jeux qui améliorent la conscience émotionnelle grâce au plaisir et à l'interaction.

Comment ça marche

Associez l'expression faciale sur la carte ou l'image à l'émotion correspondante, comme le bonheur, la colère ou la surprise.

MESURES

- Associez les cartes aux visages et aux différentes expressions et les étiquettes aux émotions.
- Demandez aux enfants de faire correspondre les cartes et les étiquettes après les avoir mélangées.
- Discutez des raisons pour lesquelles certains visages peuvent montrer certaines émotions.

- Participez à une discussion sur la relation entre les émotions et le monde.

L'empathie et l'intelligence émotionnelle peuvent être améliorées en jouant à ce jeu.

4. Jeu de dés d'émotion

Le jeu de dés Emotion rend la discussion sur les émotions agréable.

Comment ça marche

Lancez les dés en vous basant sur des questions ou des indices concernant les émotions.

MESURES

- Créez un dé à six faces, chaque face comportant un indice (par exemple, « Décrivez un moment où vous étiez en colère »).
- Répondez à tour de rôle aux indices après avoir lancé les dés.
- Encouragez les réponses détaillées pour aider les enfants à explorer davantage leurs émotions.

Cette activité combine la conscience de soi et la résolution de problèmes dans un format simple.

5. tableau de résolution des conflits

Le tableau de résolution des conflits guide les enfants à travers un processus étape par étape pour résoudre les conflits de manière pacifique.

Comment ça marche

Résolvez les conflits à l'aide de diagrammes visuels et de questions telles que « Que s'est-il passé ? », « Comment vas-tu ? », « Que pouvons-nous faire pour résoudre ce problème ? », etc.

MESURES

- Créez un diagramme qui inclut des questions ou des étapes pour résoudre le conflit.
- Lorsqu'un problème survient, guidez votre enfant à travers chaque étape.
- Apprenez-leur à réfléchir de manière critique et à être ouverts aux nouvelles idées. Cet outil fournit un cadre pour résoudre les problèmes, réduire le stress et enseigner des compétences de gestion des conflits à long terme.

Les exercices de communication et de résolution de problèmes donnent aux enfants les compétences dont ils ont besoin pour gérer leurs relations et leurs émotions.En participant à ces activités, les enfants apprennent à exprimer leurs pensées, à gérer les différences avec empathie et à renforcer leurs relations sociales. Ces compétences fondamentales leur seront utiles tout au long de leur enfance et jusqu'à l'âge adulte.

6. Activités Sensorielles

Les activités sensorielles stimulent les sens des enfants et les aident à se calmer, à gérer la frustration et à concentrer leur énergie. Ces activités offrent un exutoire tactile, visuel ou physique aux émotions et favorisent la relaxation et l'autorégulation. Voici cinq exercices sensoriels stimulants que les enfants peuvent pratiquer en s'amusant tout en apprenant à contrôler leur colère.

1. Presser une balle anti-stress

Presser une balle anti-stress est un moyen simple mais efficace de libérer la tension et la colère accumulées.

Comment ça marche

Encouragez les enfants à presser une balle anti-stress à plusieurs reprises pour transformer la frustration en activité physique.

MESURES

- Donnez à votre enfant une balle anti-stress ou fabriquez-en une avec un ballon rempli de riz ou de farine.
- Apprenez-leur à serrer fort et à relâcher à nouveau.

- Encouragez-les à se concentrer sur les sensations dans leurs mains lorsqu'ils serrent et se détendent.

Non seulement cette activité aidera à soulager la colère, mais elle améliorera également la force et la coordination des mains.

2. Bac sensoriel

Explorer un bac sensoriel rempli d'objets apaisants peut aider les enfants à se sentir recentrés et plus ancrés.

Comment ça marche

Remplissez un récipient peu profond avec des matériaux comme du riz, du sable ou des haricots et placez-y de petits jouets ou des objets apaisants.

MESURES

- Assemblez un récipient en utilisant du sable cinétique, du sable ou du riz.
- Ajoutez des objets à explorer, tels que des brosses douces, des pelles et de petites figurines.
- Encouragez votre enfant à ressentir les textures, à trier les objets et à développer des scénarios de jeu imaginatifs.

Les bacs sensoriels favorisent la pleine conscience et l'engagement tactile, réduisant ainsi le stress et la colère.

3. Glaçons fondants

Tenir un glaçon est une activité sensorielle rafraîchissante qui transforme la colère en sensation physique.

Comment ça marche

Les enfants tiennent un glaçon dans leurs mains et se concentrent sur la sensation de la glace qui fond.

MESURES

- Donnez un ou deux glaçons à votre enfant.
- Demandez-leur de décrire la sensation que procure la glace (froide, glissante, humide) et comment elle change lorsqu'elle fond.
- Discutez des moyens de calmer la colère de la même manière que l'on fait fondre un glaçon.

Cette activité offre une expérience sensorielle apaisante et une métaphore pour réguler les émotions.

4. Pot de paillettes apaisantes

Le pot de paillettes apaisantes est une représentation visuelle de la façon dont les émotions peuvent se calmer avec le temps et la patience.

Comment ça marche

Agitez un verre rempli de paillettes et d'eau pour imiter des émotions chaotiques, puis regardez les paillettes se déposer lentement.

MESURES

- Versez de l'eau dans un bocal transparent, ajoutez des paillettes ou de la colle pailletée, puis fermez hermétiquement.
- Agitez vigoureusement le verre et expliquez qu'il représente ce que nous ressentons lorsque nous sommes en colère.
- Regardez la lueur s'atténuer et discutez de la façon dont les émotions s'apaisent lorsque vous vous arrêtez et respirez.

Cette activité visuellement attrayante aide les enfants à comprendre l'importance de la patience et du calme.

5. Soulager la colère avec de la pâte à modeler

La pâte à modeler offre aux enfants un moyen pratique de relâcher les tensions et d'exprimer leurs émotions de manière créative.

Comment ça marche

Pétrissez, roulez et façonnez la pâte à modeler pour canaliser votre colère vers un exutoire physique.

MESURES

- Donnez à votre enfant de la pâte à modeler aux couleurs vives.
- Encouragez-les à pétrir, tordre et piler la pâte pour évacuer leur frustration.

- Encouragez-les à créer des formes et des objets qui expriment leurs sentiments.

La nature tactile de la pâte à modeler aide à réduire la colère tout en favorisant la créativité et la concentration.

Les activités sensorielles offrent aux enfants une façon amusante et stimulante de traiter et de gérer leurs émotions. En utilisant leurs sens pour explorer, se concentrer et soulager les tensions, les enfants peuvent développer des mécanismes d'adaptation plus sains et améliorer leur régulation émotionnelle. Ces exercices pratiques vous aideront non seulement à calmer votre colère, mais aussi à améliorer vos sens généraux et votre conscience de vos émotions.

7. Activités De Plein Air

Les activités de plein air offrent aux enfants la possibilité d'apprendre à réguler leurs émotions tout en interagissant avec la nature. Être en contact avec la nature a un effet calmant, soulageant les situations stressantes et aidant les enfants à recentrer leur attention. Voici cinq activités de plein air conçues pour favoriser la relaxation et la régulation émotionnelle.

1. Balades dans la nature

Les promenades dans la nature sont un moyen simple mais efficace d'aider les enfants à calmer leur esprit et à se connecter avec leur environnement.

Comment ça marche

Promenez-vous dans votre parc local, votre jardin ou votre sentier et encouragez vos enfants à observer et à décrire les éléments apaisants de la nature.

MESURES

- Choisissez un endroit sûr à l'extérieur.
- Mettez en valeur quelque chose d'apaisant, comme le chant des oiseaux, l'eau qui coule ou les fleurs colorées.

- Posez des questions telles que: « Qu'entendez-vous? » ou « Quelle impression cet endroit a-t-il ? »

Les promenades dans la nature favorisent la pleine conscience, aidant les enfants à se concentrer sur le moment présent et à trouver la paix dans leur environnement.

2. Art du frottement des feuilles

Combinant créativité et exploration en plein air, la dérive des feuilles offre un moyen tactile et visuel de calmer l'esprit.

Comment ça marche

Ramassez des feuilles et frottez-les avec un crayon pour révéler les motifs uniques sur les feuilles.

MESURES

- Collectez une variété de feuilles aux textures intéressantes.
- Placez une feuille sous un morceau de papier et frottez le côté d'un crayon dessus.
- Discutez des différentes formes et motifs, en soulignant à quel point chaque feuille est unique et belle.

Cette activité est apaisante et constitue un excellent moyen d'enseigner aux enfants l'importance de la diversité dans la nature.

3. Mandalas à la craie

Dessiner des mandalas avec des craies de trottoir favorise la concentration et la créativité et offre une expérience méditative.

Comment ça marche

Les enfants utilisent des craies colorées pour créer des motifs de mandalas complexes sur leurs trottoirs ou allées.

MESURES

- Fournissez-leur des craies de trottoir de différentes couleurs.
- Montrez-leur comment dessiner un mandala simple en créant un cercle et en ajoutant un motif à l'intérieur.
- Encouragez les enfants à expérimenter des motifs et à se concentrer sur la symétrie et la créativité.

Cette activité aide les enfants à se détendre grâce à des mouvements apaisants et répétitifs et des couleurs vives.

4. Observation des nuages

L'observation des nuages encourage les enfants à utiliser leur imagination pour observer le ciel, ce qui les aide à se détendre.

Comment ça marche

Imaginez différentes formes et histoires pendant que vous vous allongez sur l'herbe et que vous regardez les nuages.

MESURES

- Trouvez un endroit confortable à l'extérieur avec une bonne vue sur le ciel.
- Pendant que vous vous allongez avec votre enfant, observez les nuages.
- À tour de rôle, décrivez les formes et inventez des histoires sur ce que vous voyez.

Cette activité favorise la créativité et le calme, offrant aux enfants une pause dans le stress quotidien.

5. Charognard Chasse

Les chasses au trésor aident les enfants à se concentrer et à rediriger leur énergie et leurs émotions pour trouver des objets spécifiques dans la nature.

Comment ça marche

Faites une liste d'objets apaisants ou intéressants que les enfants peuvent trouver, comme des pierres lisses, des feuilles colorées et des fleurs.

MESURES

- Écrivez une liste d'articles nécessaires à la chasse au trésor.
- Donnez à chaque enfant une liste de contrôle et un petit sac pour rassembler ses trouvailles.
- Une fois la chasse terminée, discutez des objets et de leur lien avec les effets apaisants de la nature.

Les chasses au trésor combinent activité physique et pleine conscience, aidant les enfants à s'engager de manière positive avec leur environnement.

Conclusion

Les activités de plein air offrent aux enfants l'occasion de canaliser leur énergie tout en bénéficiant des effets curatifs de la nature. Grâce à ces exercices simples et amusants, les enfants peuvent développer leurs capacités de régulation des émotions, leur créativité et leur appréciation du monde naturel. Ces activités offrent une approche holistique pour calmer la colère et favoriser le bien-être.

8. Activités De Groupe Interactives

Les activités de groupe interactives sont un excellent moyen d'enseigner aux enfants des compétences sociales et émotionnelles importantes tout en les gardant engagés et en s'amusant. Ces activités aident les enfants à pratiquer le travail d'équipe, à améliorer leur conscience émotionnelle et à développer des méthodes saines pour gérer la colère dans un environnement de groupe.

1. Jeux coopératifs

Les jeux coopératifs favorisent la coopération, la persévérance et le travail d'équipe dans un environnement amusant et solidaire.

Comment ça marche

Les enfants travaillent ensemble pour atteindre un objectif commun dans des jeux tels que le tir à la corde ou les courses de relais.

MESURES

- Choisissez un jeu qui nécessite un travail d'équipe, comme construire une pyramide humaine ou terminer un parcours d'obstacles en groupe.
- Soulignez l'importance de la communication et de la patience.

- Pensez ensuite à la façon dont le travail en équipe a contribué à votre réussite.

Ces activités montrent aux enfants comment la coopération peut remplacer la compétition dans la résolution de problèmes et la gestion des émotions.

2. Charades d'émotions

Emotion Charades enseigne aux enfants comment reconnaître et exprimer leurs émotions de manière ludique et interactive.

Comment ça marche

Chaque enfant exprime à tour de rôle une émotion différente, et les autres doivent deviner laquelle ils expriment.

MESURES

- Écrivez différentes émotions (joie, colère, tristesse, excitation et frustration) sur un morceau de papier.
- Demandez aux enfants de dessiner des images sur leur papier pour exprimer leurs émotions sans utiliser de mots.
- Le groupe devine l'émotion et discute de la manière de la gérer.

Cette activité favorise l'empathie et aide les enfants à reconnaître les signaux émotionnels chez eux-mêmes et chez les autres.

3. Bingo de l'humeur

Le bingo des émotions est une façon créative d'aider les enfants à reconnaître les émotions et à discuter des scénarios qui les déclenchent.

Comment ça marche

Utilisez des cartes de bingo illustrant des émotions et des scénarios et encouragez les enfants à identifier différentes émotions et à en parler.

MESURES

- Créez des cartes de bingo qui représentent des émotions telles que « en colère », « calme » et « excité ». Incluez des scénarios tels que « quelqu'un m'a poussé » et « j'ai été pris dans mes bras ».
- Appelez un scénario ou une émotion et s'ils correspondent, les enfants marquent leur carte.
- Discutez des stratégies pour gérer les émotions lorsque quelqu'un obtient un bingo.

Ce jeu favorise la compétence émotionnelle de manière amusante et interactive.

4. Raconter une histoire en équipe

La narration en équipe encourage les enfants à réfléchir de manière créative aux moyens de surmonter la colère tout en travaillant ensemble.

Comment ça marche

Les enfants complètent à tour de rôle une histoire, avec le thème de la « gestion de la colère » intégré à l'intrigue.

MESURES

- Commencez par une phrase d'ouverture comme « Il était une fois un enfant qui était très en colère parce que... »
- Chaque enfant ajoute une ou deux phrases, en se concentrant sur la façon dont le personnage apprend à contrôler sa colère.
- Terminez l'histoire en discutant de la manière dont la décision du personnage est liée aux stratégies de gestion de la colère dans le monde réel.

Cette activité stimule la créativité et renforce une leçon sur la gestion des émotions.

5. Conversations autour du lancer de balle

Les conversations autour du lancer de balle sont une façon amusante d'encourager les enfants à partager leurs sentiments et les stratégies qu'ils utilisent pour rester calmes.

Comment ça marche

Les enfants se lancent la balle et partagent une stratégie apaisante ou des pensées positives lorsqu'ils attrapent la balle.

MESURES

- Rassemblez le groupe en cercle et passez la balle molle.
- Lorsqu'un enfant attrape la balle, partagez une stratégie telle que « respirer profondément » ou « compter jusqu'à 10 ».
- Continuez à lancer la balle et développez un ensemble de stratégies apaisantes au fur et à mesure que le jeu progresse.

Cette activité permet de créer une boîte à outils de techniques de gestion de la colère tout en favorisant l'interaction de groupe.

Les activités de groupe interactives permettent non seulement aux enfants d'apprendre à contrôler leur colère, mais aussi de développer d'importantes compétences en communication et en travail d'équipe. Grâce à des exercices amusants et passionnants, les enfants apprennent à exprimer leurs émotions de manière constructive, à coopérer avec les autres et à mettre en pratique des stratégies apaisantes qu'ils peuvent utiliser dans leur vie quotidienne.

9. Habitudes Quotidiennes Pour La Croissance Émotionnelle

Créer des habitudes quotidiennes est un moyen efficace d'aider les enfants à développer leur résilience émotionnelle et leur confiance en eux. Des comportements cohérents encouragent les enfants à réguler leurs émotions, à réfléchir à leurs expériences et à aborder les défis avec une attitude positive. Voici cinq habitudes simples mais efficaces qui favorisent la croissance émotionnelle.

1. Enregistrement du matin

Les contrôles matinaux donnent le ton de la journée et aident les enfants à exprimer leurs sentiments et leurs intentions.

Comment ça marche

Commencez chaque journée par une brève conversation sur ce qu'ils ressentent et ce qu'ils veulent accomplir.

MESURES

- Assurez-vous que vos questions sont claires, comme « Comment vous sentez-vous aujourd'hui? » « Qu'attendez-vous le plus en plus?

- Encouragez-les à partager leurs préoccupations et leurs objectifs de la journée.

- Donnez un renforcement positif, par exemple: « C'est super ! Travaillons là-dessus ensemble. »

Cet exercice renforce la confiance des enfants et les prépare à affronter la journée avec l'esprit clair.

2. Journal de gratitude

Écrire de la gratitude dans un journal aide les enfants à se concentrer sur les choses positives de leur vie, favorisant ainsi l'optimisme et l'équilibre émotionnel.

Comment ça marche

Les enfants tiennent un journal dans lequel ils écrivent ou soulignent chaque jour une chose pour laquelle ils sont reconnaissants.

MESURES

- Fournissez un modèle de cahier ou de journal de gratitude.
- Encouragez-les à penser à des moments précis, comme des actes de gentillesse ou des expériences amusantes.
- Partagez vos propres sentiments de gratitude et modélisez la pratique.

Tenir un journal de gratitude permet de se concentrer sur les bénédictions plutôt que sur les frustrations, aidant ainsi les enfants à développer une attitude positive.

3. Exercice d'affirmation du miroir

Les affirmations sont des mots encourageants qui renforcent la confiance et favorisent le calme.

Comment ça marche

Les enfants répètent des affirmations apaisantes en se regardant dans le miroir, encourageant l'acceptation de soi.

MESURES

- Fournissez-leur une liste d'affirmations simples telles que « Je suis calme », « Je peux gérer mes émotions » et « Je suis fort ».
- Encouragez-les à répéter ces affirmations à voix haute en se regardant dans le miroir.
- Reconnaissez leurs progrès et célébrez leurs efforts. B. « Tu as l'air si calme. »

Cette pratique renforce l'estime de soi et favorise un dialogue intérieur positif, un élément clé de la régulation des émotions.

4.Aménagement d'un coin calme

Les enfants peuvent trouver un endroit spécial pour réfléchir, se détendre et reprendre le contrôle de leurs émotions dans un coin calme.

Comment ça marche

Aménagez un espace cosy avec des ressources apaisantes telles que des animaux en peluche, des objets sensoriels et des invites de pleine conscience.

MESURES

- Choisissez un endroit paisible et confortable dans votre maison ou votre lieu d'école.
- Ajoutez des objets comme des oreillers moelleux, des livres sur les émotions, des balles anti-stress et des pots de paillettes.
- Apprenez à vos enfants à utiliser le coin tranquille lorsqu'ils se sentent dépassés ou ont besoin d'un peu de temps pour réfléchir.

Cet espace permet aux enfants de gérer leurs émotions de manière autonome dans un environnement sûr et favorable.

5. Réflexion avant de dormir

Terminer la journée par une réflexion permet aux enfants de traiter leurs expériences et d'identifier les domaines dans lesquels ils peuvent s'améliorer.

Comment ça marche

Discutez des moments positifs ou des idées de la journée.

MESURES

- Passez cinq minutes avant de vous coucher à poser des questions réfléchies telles que : « Qu'est-ce qui s'est bien passé aujourd'hui ? » ou « Que feriez-vous différemment demain ? »
- Encouragez-les à partager des moments positifs ou des choses dont ils sont fiers.
- Reconnaissez leurs idées et encouragez-les.

Cet exercice favorise un état d'esprit de croissance et aide les enfants à voir chaque jour comme une opportunité d'apprendre et de s'améliorer.

En intégrant ces habitudes quotidiennes à la routine de votre enfant, vous lui donnerez les outils nécessaires à sa croissance émotionnelle tout au long de sa vie. Chaque activité établit une base de conscience de soi, de gratitude et de résilience, l'aidant à gérer ses émotions avec confiance et grâce. Au fil du temps, ces habitudes forment un cadre émotionnel solide pour faire face aux défis de la vie.

10. Outils Et Jeux Spéciaux

L'utilisation d'outils spéciaux et de jeux passionnants est un excellent moyen d'enseigner aux enfants des compétences émotionnelles tout en rendant le processus amusant et interactif. Ces activités favorisent la conscience émotionnelle, la patience et l'autorégulation de manière pratique.

1. Cartes de tri des émotions

Les cartes de tri des émotions aident les enfants à identifier et à catégoriser leurs émotions, améliorant ainsi leur alphabétisation émotionnelle.

Comment ça marche

Les enfants trient des cartes contenant des images et des mots qui représentent différentes émotions dans des catégories appropriées, telles que « heureux », « triste » et « en colère ».

MESURES

- Créez ou achetez des cartes avec des images et des mots qui représentent différentes émotions.
- Demandez aux enfants d'aligner les cartes et de les regrouper en fonction de la manière dont ils pensent que les émotions sont liées.

- Discutez de ce à quoi ressemble chaque émotion et des situations qui pourraient déclencher cette émotion.

Cette activité développe le vocabulaire émotionnel et aide les enfants à identifier et à nommer leurs émotions.

2. Jeux de société pour les compétences émotionnelles

Les jeux de société qui impliquent de jouer à tour de rôle et de faire face aux échecs enseignent la persévérance et la résolution de problèmes.

Comment ça marche

Des jeux similaires à Désolé ! Ou Le Jeu de la Vie favorisent le contrôle émotionnel et la prise de décision.

MESURES

- Choisissez un jeu qui correspond à vos objectifs d'apprentissage émotionnel. Jouez ensemble et adoptez un comportement approprié lorsque vous perdez ou attendez un tour.
- Utilisez les moments frustrants pour discuter de la manière de les gérer.

- Jouer ensemble renforce les compétences sociales et les enfants apprennent à gérer la déception de manière constructive.

3. Puzzles d'émotions

Les puzzles émotionnels encouragent les enfants à résoudre des problèmes et à explorer les émotions.

Comment ça marche

Les enfants résolvent des énigmes avec des visages avec différentes émotions et des scénarios qui évoquent des émotions.

MESURES

- Fournissez le puzzle avec des images qui représentent des émotions, comme des visages heureux ou des scènes de colère.
- Une fois le puzzle terminé, demandez à votre enfant de décrire l'émotion représentée.
- Utilisez le puzzle comme point de départ pour une discussion sur la gestion des émotions.

Cette activité combine le développement cognitif et la conscience émotionnelle.

4. Boîtes à outils DIY pour faire face à la situation

Une boîte à outils d'adaptation est un ensemble d'éléments individuels qui peuvent aider les enfants à se calmer et à se rassurer.

Comment ça marche

Les enfants assemblent une boîte remplie de jouets sensoriels, de balles anti-stress et d'images apaisantes.

MESURES

- Prenez une petite boîte ou un récipient et laissez votre enfant le décorer.
- Encouragez-le à choisir quelque chose d'apaisant, comme un jouet, une image ou un parfum apaisant.
- Apprenez-lui à utiliser sa boîte à outils lorsqu'il se sent dépassé ou contrarié.

Cette activité pratique permet aux enfants de prendre la responsabilité de stratégies pour réguler leurs émotions.

5.Défi du chronomètre

Timer Challenge encourage la concentration, la persévérance et la maîtrise de soi en introduisant des tâches amusantes avec des limites de temps.

Comment ça marche

Le minuteur encourage les enfants à construire avec des blocs ou à peindre une image dans un délai déterminé.

MESURES

- Choisissez une tâche apaisante ou créative, comme peindre ou empiler des blocs.

- Réglez la minuterie et encouragez votre enfant à terminer la tâche avant la fin du temps imparti.
- Discutez de ce qu'ils ont ressenti et appris en se concentrant sur la tâche.

Cette activité favorise la pleine conscience, la concentration et la patience, aidant les enfants à canaliser leur énergie de manière productive.

Des outils et des jeux spéciaux rendent les compétences émotionnelles stimulantes et mémorables. En intégrant des activités telles que le tri des émotions, des jeux de société et des kits d'outils de gestion à faire soi-même, les enfants peuvent acquérir de précieuses connaissances sur leurs émotions tout en s'amusant. Ces outils agissent comme des aides pratiques pour promouvoir l'intelligence émotionnelle et la résilience.

FAQ

1. **Comment ces activités aident-elles à gérer la colère?**
   Ces activités apprennent aux enfants à exprimer leurs émotions de manière saine, à identifier les déclencheurs et à utiliser des techniques apaisantes.
2. **Les parents et les enseignants peuvent-ils utiliser ces activités?**
   Oui ! Les activités sont conçues pour être utilisées à la maison et en classe.
3. **À quelle tranche d'âge ces activités sont-elles adaptées?**
   La plupart des activités sont idéales pour les enfants de 4 à 12 ans, mais elles peuvent être adaptées aux enfants plus âgés.
4. **À quelle fréquence ces activités doivent-elles être pratiquées?**
   Une pratique régulière est recommandée, quotidiennement ou plusieurs fois par semaine, pour obtenir les meilleurs résultats.
5. **Certaines de ces activités sont-elles adaptées aux groupes?**
   Absolument ! De nombreuses activités, comme les charades émotionnelles ou les jeux coopératifs, fonctionnent bien en groupe.